A GRANDPARENT BOOK PROJECT

This book is dedicated to our beloved grandchildren

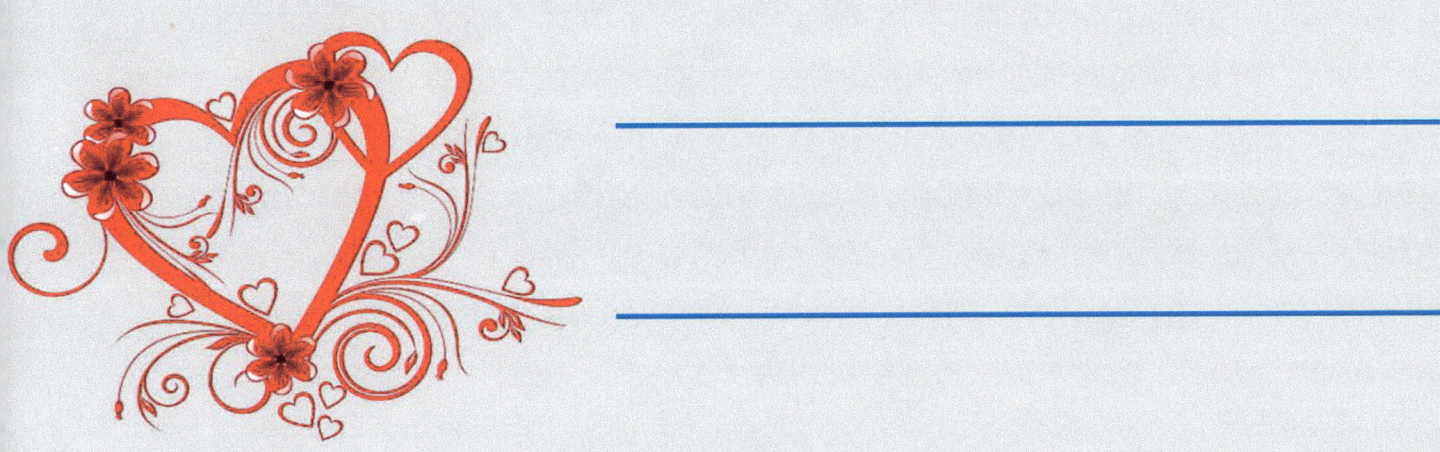

From _____

Date _____

Letter from the Authors/Publishers

The idea for this book came from the first moments we held our grandchildren and looked into their eyes. Our hearts were filled with love and our being bursting with pride and aspiration for the little bundle in our arms. It's a familiar feeling that all grandparents could relate to.

For the generation of grandparents who are not native-born to this country, who arrived as refugees, immigrants, or study abroad students who had no home to return to, we adopted and adapted and built new homes in this new land. At this stage in our life, we are generally grateful for all the blessings we received, and have come to appreciate all the ordeals we experienced as well. We struggled intrepidly in the early days, achieved eventually some stability in our life, shepherded finally our children into adulthood, and did what we could to contribute intentionally back to the society.

Having grandchildren is a unique experience that suddenly pivoted us to look back at the past as we envision them representing our future! The awareness that they will carry a part of us into the future makes us revisit our roots, our core values, our life journeys, where we had been, and who we have become. This book is designed to help grandparents embark on this retrospective journey so that the most significant and meaningful memories could be dug up, dusted and shined to share with our little ones.

It's a project of love that requires effort from the grandparents to remember, reflect, reconnect and record what they would like to pass on to their grandchildren so that someday they may pass on to theirs. As a popular saying goes, "*If you don't know where you came from, you won't know where you're heading.*" Reconnecting with our past brings us peace and makes us whole. Knowing one's heritage, roots, cultural values and traditions will give our grandchildren the confidence to embrace their full potential and be proud of all the parts that contribute to their magnificent self!

In this Version 1.0, we envision grandparents purchasing the hardcopy books, taking time to compose, write, type/paste their reflections right onto the pages along with the photos from their albums or online. You can share the pages that you complete with your grandchildren as you continue to work on it, or you could wait until the whole book is completed. The pages with pictures and historical context and cultural information are additional teaching/sharing opportunities for grandparents to interact with their grandchildren. Encourage questions and further exploration from them.

     We plan to have Version 2.0 with an online portal where grandparents would have access to work directly on a digital copy of the book. With this version, you will be able to add/delete pages and content to tailor your narratives. We welcome feedback and suggestions from you and wish you a pleasant journey down the memory lane as you complete and share this book project with love.

Sincerely,

KimOanh Nguyen-Lam, PhD
Luu Nguyen Dat, PhD, JD
GrandparentBP@gmail.com

Lá Thư Ngỏ

Ý tưởng để làm cuốn sách này manh nha đến từ giây phút đầu tiên khi chúng tôi ôm đứa cháu sơ sanh trong lòng và ý thức được một thế hệ tiếp nối vừa bắt đầu. Lòng đầy ắp yêu thương và ước mong bao nhiêu điều tốt đẹp đến cho cháu trong tương lai. Đây là một cảm xúc quen thuộc cho những vị nào đã từng được lên chức ông bà.

Thế hệ ông bà như chúng ta, xuất thân là những người không sinh ra và lớn lên trên xứ sở này, chúng ta đã đến như người tị nạn, di dân hoặc là những người du học không còn đất nước để trở về. Qua bao năm tháng, chúng ta đã đón nhận nơi này để tạo dựng một mái ấm gia đình. Trong chặng đường đời hiện tại, chúng ta biết ơn những may mắn, ơn lành đã nhận được cũng như chấp nhận và hiểu được giá trị những đau khổ, gian truân đã trải qua. Chúng ta đã phải phấn đấu trong những bước đầu để lần hồi đạt được sự vững vàng trong cuộc sống và cuối cùng cũng đã xong nhiệm vụ chăn dắt con cái tới tuổi tự lập. Chúng ta cũng đã đóng góp lại cho cộng đồng, xã hội và xứ sở mới những gì làm được.

Trải nghiệm trở thành ông bà làm chúng ta đột nhiên quay lại để nhìn về quá khứ khi chúng ta ý thức rằng các cháu bé ấy là "hiện tại nối dài tương lai." Sự nhận thức rằng chính con cháu sẽ mang một phần nhân cách của chúng ta vào tương lai sau này khi chúng ta không còn hiện hữu làm chúng ta muốn nhìn lại cội nguồn, giá trị sống, các chặng đường đời đã qua, và con người chúng ta hôm nay.

Chúng tôi hình thành cuốn sách này với mục đích giúp ông bà bắt đầu một hành trình hồi tưởng để nhớ lại những kỷ niệm và trải nghiệm đáng nhớ, đáng ghi lại để chia sẻ với các cháu. Đây là một dự án yêu thương mời gọi ông bà bỏ thời giờ suy nghĩ, hồi tưởng, nối kết và ghi chép xuống những gì ông bà muốn truyền lại cho con cháu để sau này hy vọng chúng sẽ chia sẻ tiếp với con cháu của chúng. Cũng như một câu thành ngữ quen thuộc, **"Nếu bạn không biết bạn từ đâu đến thì bạn cũng sẽ chẳng biết bạn phải đi về hướng nào!"** Sự nối kết với quá khứ đem lại sự bình an và làm cho ta sống trọn vẹn. Khi con cháu chúng ta biết, hiểu và trân quý nguồn gốc, di sản văn hoá và truyền thống gia đình, chúng sẽ phát triển và lớn mạnh với sự tự tin, đón nhận và hãnh diện với tất cả các nguồn văn hoá của chính bản thân chúng.

Trong ấn bản đầu tiên (Version 1.0) này, chúng tôi hình dung ông bà mua các cuốn sách bìa cứng đã được in ra, bỏ thời gian đọc, suy nghĩ, ghi chép và thêm hình ảnh ngay trên các trang giấy (hoặc đánh máy, in ra và dán vào). Ông bà nên viết bằng ngôn từ nào gần với trái tim mình nhất rồi giải thích cho các cháu bằng ngôn ngữ thông dụng của chúng. Điều này có thể là động lực cho chúng học ngôn ngữ gốc của ông bà một ngày nào đó. Ông bà có thể chia sẻ với các cháu từng đoạn một hoặc đợi đến khi hoàn tất rồi chia sẻ. Ông bà tìm một thời gian và không gian thích hợp, tĩnh lặng để mở từng trang sách, đọc từng đoạn, nhìn từng hình ảnh và trao đổi ý tưởng với cháu, dùng những ngôn từ thích hợp với từng lứa tuổi. Các cháu nhỏ thì sự chú ý rất giới hạn. Bao giờ thấy cháu không còn ngồi yên được thì nên ngưng. Cất cuốn sách này ở một nơi tử tế và chỉ mang ra khi nào có một cơ hội đặc biệt để các cháu hiểu sự chia sẻ của ông bà là một món quà quý giá.

Trong cuốn sách này chúng tôi có những trang nói về các dữ kiện căn bản về chiến tranh Việt Nam, các làn sóng tị nạn và di dân cũng như sự đối chiếu giữa người tị nạn và người di dân. Mục đích là để ông bà có tài liệu rõ ràng giải thích cho các cháu sự hình thành của các cộng đồng Việt Nam hải ngoại. Đó cũng là sự gợi ý để ông bà ghi lại quá trình tị nạn/di dân/định cư của gia đình. Để góp ý cho ông bà khi chia sẻ với các cháu về các giá trị văn hoá cốt lõi của mình mà ông bà muốn trao truyền cho con cháu, chúng tôi đưa vào một vài giá trị văn hoá nền tảng Việt Nam qua các câu ca dao tục ngữ quen thuộc.

Chúng tôi dự định sẽ có ấn bản kế tiếp trên mạng (Version 2.0) và ông bà có thể viết thẳng vào các trang và chuyển các hình ảnh vào dễ dàng. Ông bà cũng có thể thêm hoặc bớt trang tùy theo câu truyện của mình. Mặc dầu ý tưởng được ấp ủ và nuôi dưỡng đã lâu; sự hình thành cuốn sách này đến trong một thời gian rất ngắn trong mùa Tạ Ơn năm 2021 khi mọi nơi vẫn đang còn đối phó với đại dịch COVID-19. Sự bấp bênh của cuộc đời làm động lực cho việc phổ biến nhanh chóng cuốn sách này đến ông bà. Chúng tôi mong nhận được mọi sự góp ý của tất cả các ông bà đã có dịp khởi bước trên hành trình yêu thương cháu qua cuốn sách này.

Trân trọng,

Nguyễn Lâm KimOanh
Lưu Nguyễn Đạt
GrandparentBP@gmail.com

Grandparents

Grandparents bestow upon
their grandchildren
The **strength and wisdom** that time
And experience have given them.
Grandchildren bless their Grandparents
With a **youthful vitality and innocence**
That help them stay young at heart forever.
Together they create a chain of love
Linking the past with the future
The chain may lengthen,
But it will never part...

Anonymous

GRANDPARENT BOOK PROJECT
INTRODUCTION

Target readers: You are writing for your grandchildren to read so think of them are you compose these words. Think of each suggested prompt and question as what your grandchildren would have asked you and you respond to them as if you're talking directly to them. This book is best presented by grandparents sitting with the children (physically in the same space or on a shared zoom screen), flipping through each page and talk about it. It is a kind of book that will grow in its value overtime as the grandchildren grow older and more thoughtful. It will become invaluable once the grandparents pass on from this world.

Purpose: This interactive book is designed so that you, a grandma or grandpa, may share with your grandchildren a part of yourself through the narration of your lived experiences, indelible moments, memorable people, your core values and beliefs, and what you would like to pass on to the next generation. As grandchildren of people who immigrated to this land, they need a sense of connection to a deeper heritage that is not easily accessible or visible in their daily life. What you share in this book creates an opening for them to continue their journey toward discovering and embracing their full identity and heritage.

Instruction: As you engage in this book process, you will be traveling down the memory lane and be immersed in memories that perhaps you had not thought of in a long while. Allow yourself time and space to remember, relive, reflect, and share with the grandchildren a piece of your heart that hopefully they will carry with them to the next generation. You could write directly on the lined pages or type and print out your narrative and paste onto these pages. Your story would be more interesting if you could add photos or pictures related to each section on the open pages. The lined pages are for texts and blank pages are for pictures, photos, drawings, etc.

TABLE OF CONTENT

1. **LETTER TO OUR BELOVED GRANDCHILD/GRANDCHILDREN ~ BỨC THƯ TÌNH CHO CHÁU**   1
   - **On page 1,** write a letter to the grandchildren that you're giving this book to. Tell your grandchildren how much you love them. Let them know why you're making this book for them. Let them know that you wish to share some family history and where the family came from with them so that they will understand and appreciate their heritage. Tell them that you hope the more they know about their heritage, the more they would want to learn and to know. Let them know that you will be glad to answer any questions they have.

2. **OUR ROOTS ~ CỘI NGUỒN**   2-5

   "If we don't know where we came from, we won't know where we're heading."

   - **On page 2,** share with your grandchildren the proverbs about the importance of knowing one's roots and heritage. Teach them to read those and have them select one to learn to recite.

   - **On pages 3-4** tell your grandchild about your birthplace or where you consider your ancestral home. Describe the village, town, city, etc. Research and share as much information as you could – include famous regional landmarks, people or products. Name things that are known or associated with these places.

- On page 5, the photo page, include photos the place you describe or images you find on the internet.

3. GRATITUDE ~ LÒNG BIẾT ƠN   6-8

- **On page 6**, read to your grandchildren and explain these Vietnamese proverbs and idioms expressing the values of being grateful - a very important Vietnamese cultural values. Spend time reading and teaching these proverbs to your grandchildren.

- **On Page 7**, list the things/events in your life that you feel grateful.

- **On page 8,** name or paste photos of the people toward whom you feel a deep gratitude. Share them with your grandchildren so they too, learn to develop a sense of gratitude in their life.

4. THE LAND OF VIETNAM ~ ĐẤT NƯỚC VIỆT NAM   9-11

- **Page 9 - Map of Vietnam:** Use the map to share with your grandchildren where you came from; the places where you have lived, the places where you went to schools, the places that you visited or have special memories. Draw arrows from the map to special places.

- **Page 10 - Beautiful Vietnam**: Talk to your grandchildren about the different regions of Vietnam and what each area is famous for. Look up more places online and challenge the older children to label the places in the photos.

- **Page 11 - Vietnam in our Hearts**: Find photos of special places that you had visited or places that are significant to you and share them on this page.

5. **VIETNAMESE DIASPORA HISTORICAL BACKGROUND – QUÁ TRÌNH TỊ NẠN/DI DÂN**   12-14

   The stories of our refugee and immigrant families are situated within the historical and political contexts of the Vietnam Civil War. We included several pages to provide factual information leading up to the mass exodus of Vietnamese fleeing their own homeland to seek refuge somewhere else when the Communist North Vietnam invaded and conquered the Republic South Vietnam after two decades of fighting. We also included information on the different waves of refugees entering the U.S. and some photos depicting them. Most importantly is the distinction between refugees versus immigrants – one group flees their homeland to survive and seek freedom and liberty while the other makes a conscious decision to leave in search of a better life.

   It is important to present information in a way that aspire young people to initiate their own learning on this topic. Start by asking them questions to assess what they know and what level of understand they have. Provide as little or as much information as you could according to their level. As they get older, they will ask for more or will research on their own. Keep the line of communication open.

6. **FAMILY HISTORIES ~ CÂU TRUYỆN CỦA GIA ĐÌNH**   15-17
   - **PP 15-16 - Our Family Stories:** In the next pages, share your stories of immigration with their grandchildren, how your family arrived and settled in the place where you are. When the grandchildren grow older, there's a natural curiosity to know about their family's history. It's up to each family to tell their own and unique story. The main thing is to let our children understand

our basic and core values: the love of freedom and liberty, the safety of the family, the importance of being together, the opportunity for good education and better future, etc. Also, be sure to share the sorrows and the heartaches of leaving one's homeland and the struggles of starting a new life in a new place with new culture and language.

- **P. 17 Our Family Memories**: Find photos of your earlier days in the U.S. to let the grandchildren have some understanding of life was like at the beginning of the new life.

7. **FAMILIES & RELATIVES ~ GIA ĐÌNH VÀ DÒNG HỌ** 18-21
    - **On page 18**, we include proverbs and idioms about families in the Vietnamese culture. Families and extended family members and relatives are an important part of Vietnamese culture.

    - **On pages 19-20,** share with your grandchildren your experience of growing with families and stories of your extended families so they have a notion of heritage and lineage.
        - **Immediate Family:** Did you come from a small or big family? Were your parents strict? What traits do you think you inherit from you mother, and from your father? What do you remember most about your father? Your mother? If they were alive, what would they think of your grandchildren – their great-grandchildren?
        - **Siblings/Cousins/Relatives:** Who were you closest to in your family growing up? Did you get along with your siblings? Do you grow up with cousins? What did you do together for fun? What kinds of games were popular at that time? What do you remember best about anyone of them?

- **On page 21,** you could create a family tree to give your grandchildren a sense of connection to extended families or include photos of relatives.

8. SCHOOL DAYS & FRIENDSHIPS ~ THỜI HỌC TRÒ VÀ TÌNH BẠN   22-27

As immigrants to this country, our school experience is very different from those of our grandchildren. By sharing with your grandchildren what it was like going to school as a child and your experience as a student, they learn something about the place where you came from and could picture you when you were just a child like them.

- **On page 22,** share these picture of schools in Vietnam and ask your grandchildren how they might be the same and different to their own schooling experience.

- **On pages 23-24,** use the prompt questions below to share your school days stories:
    - **Teachers:** Did you have a teacher that you really like and respect when you were in school? What were they like? What did they do to influence or change your life?
    - **Schools:** What kind of student were you in school? What were schools like in your days? What did you like and didn't like about school? What one thing that no longer exists in today's schools? What do you remember most about your school days?
    - **Learning:** What was your favorite subjects in schools? What subject did you struggle with? Did you get good grades or not so good grades? Who helped you the most with school work? What did you learn that you still remember today? What advice do you have for me to be a good student and learn a lot in school?

- **Friendship**: Who were your best or good friends in schools? What do you remember about them? Do you still friends with them? What should we look for in a friend?

- **On page 25**, read each proverb with your grandchildren, explain what each means and discuss the value of education in Vietnam. Challenge them to learn to read and recite at least one well.

- **On page 26**, share the proverbs on friendships with your grandchildren and ask them about their own friendships.

- **On page 27,** share photos and names of friends you have known since school days whom you still keep in touch.

9. **TALENT & INTERESTS →JOBS/CAREERS/PROFESSIONS ~ NĂNG KHIẾU & NGHỀ NGHIỆP   28-30**
Talents are innate skills – abilities to do something well without much effort. Everyone has unique talents and when coupled with interests often guide them to future profession. Sometimes talents run in the family.

- **On page 28,** we introduce the Vietnamese Americans from different professional backgrounds to help young people to expand their horizon and learn that they could choose any career path. The key idea is that when people love what they do, they spend more time and energy and subsequently earn recognition for their work.

- **On pages 29-30**, share with your grandchildren the skills and interests you had as you were growing up and how they might shape your future careers and professions. Share with them the different jobs and positions you had in your life and what you learned from each and everyone of them. Give them an understanding of all honest work is good and that it's OK to start from the bottom and work our way up. Here are some questions that you could respond to:
    - What was your profession? Did you choose it or wanted to do it in the first place? Did you like what you did? What were something that made you enjoy or proud of the work you did? If you get to start over, would you choose this same profession/job or would you try something else? What would it be? Why? What profession/field do you think your grandchild would be good in? Why? What advice would you have for them (individual child)?

- **On page 31,** share photos of you in your different jobs or careers.

10. ROLE MODELS ~ CÁC TẤM GƯƠNG SÁNG   32-33

Having positive role models inspires children to live meaningful lives. Role models show young people how to live with integrity, optimism, hope, determination, and compassion. They play an essential part in a child's positive development. We included here a few examples that Grandparents can use to talk to their grandkids. Encourage your grandchildren to do more research and share with you people whom they admire as their role models so you could understand your grandchildren better.

- **On page 32,** we include a sample of positive role models – people who overcame major obstacles in their lives and went on to make a difference in other people's lives. Encourage your grandchildren to learn more about each person and share back with you.

- **On page 33,** explain to your grandchildren how anyone could become role models for others by making the right decisions. Use the questions below to share your own experience or/and ask your grandchildren to think of their own values, passions, services, obstacles, etc. Based on the chart, use each text box to share the various aspects of your life:
    - What core values helped you to make good decisions in your life?
    - What passions and interests made your life more beautiful and interesting?
    - What community services you did that gave you the most joy?
    - What obstacles were you able to overcome?
    - How did you learn to accept people who were different from you?

Jot down the key words/phrases and tell the children the stories when you talk about your experiences. These will be life lessons that would help them in their future.

11. FAVORITE FOODS ~ CÁC MÓN ĂN NGON   34-36

Universally, foods means much more than nutrition. Foods are central and vital from the very first moment when the baby suckles in the mother's arms, feeling warm, secured, and loved, to all the occasions when people come together. Foods represents social warmth and promotes social relations. All cultures have special foods which ingredients come from their regions and preparations are passed down through generations. Sharing memories of foods through cultural celebrations is another way of sharing our cultural heritage.

- **On page 34,** look at the photos with the children and name each food and the ingredients in Vietnamese language. Ask whether they had tried and liked it or not. Talk about your own preferences and why you life certain types more than the others.

- **On page 35,** share photos or descriptions of foods that bring up warm memories for you.

- **On page 36,** perhaps share a description, photo or recipe of your favorite dish or something that has been in your family for generations.

12. TRAVEL ~ ĐI DU LỊCH   37-42

Traveling, the act of leaving one's familiar environment to experience differences not just in the locality but also worldviews, expectations, norms and behaviors. Grandparents today have more opportunity to travel than previous generations. For immigrant parents, whether returning to one's homeland or visiting new places create new memories and insights. Travelers learn to adapt to new ways of thinking and living, even for a short while. These are skills that would also benefit our younger generations.

- **On pages 37-38,** we include the world map and photos of the New 7 Wonders of the Natural World to promote a love of travel in your grandchildren. Look at the photo of each place and find it on the map. Use the opportunity to talk about the places you had lived and traveled and where they had lived and traveled as well.

- **On page 39-40,** share memories of your own trips and traveling experiences through photos and stories. Use these questions if you wish:
  - Did you enjoy travel? What are some of the places you visited that were most memorable for you? What do you look for when you travel? What would you do if something unexpected happen on a trip? Did it happen to you? What did you do? What are some special memories you have of the places you visited? What places would you wish to travel with your grandchildren someday if you could?

- **On pages 41-42,** share names and descriptions or photos of places that you wish someday you could take your grandchildren to or have them share pictures of places that they want to visit with you. Write stories or draw pictures of what you would do together at these places.

13. HOLIDAYS–CELEBRATIONS– TRADITIONS ~ CÁC LỄ HỘI VÀ TRUYỀN THỐNG   43-48

Children who are aware of and learn to appreciate the cultural values and traditions of their family develop a positive self-identity and gain self-confidence. Each family has its own ways of celebrating cultural events that include food preparation and serving, decorations and rituals. Not all traditional and cultural celebrations are celebrated when we live in a new land. However, for those traditions and rituals that families still practice, it is important to help the grandchildren to understand their significance and meaning so that they learn to appreciate and treasure them.

- **On pages 43-44,** we include photos of different types of cultural celebrations. Look at each one with your grandchildren and ask them what they think the occasion is. Name the people in the photos and what they do. Teach them the names of different cultural holidays and celebrations and their meaning.

- **On page 45,** explain to the grandchildren the significance of Tet and the wishes that people offer to one another on this day. Teach the children the greetings on this page and invite them to select the ones they wish to memorize to share with their parents.

- **On pages 46-47,** share your own memories and reminiscing using these prompts:
    - What holidays that your family celebrated as a child? What kind of preparation did your family have? What kind of foods and drink were serve? Were there any special ceremony or practice that you participated in?
    - What holidays were important to you with your family? How were they celebrated? What made them special or why do you want to celebrate every them year?
    - What holidays and celebrations do you think are important for us to maintain? What traditions should we keep when we celebrate them?

- **On page 48,** share photos of past cultural celebrations with your family.

14. OUR HOPES AND WISHES FOR YOU ~ CÁC ƯỚC MƠ VÀ KỲ VỌNG CHO CHÁU   49-52

- **On page 49,** in each shape, write the positive qualities you see in your children as well as the ones that you hope they would grow into. Make suggestions on the types of careers or professions they might go into based on their current talents and interests. Envision a bright future with them to communicate your hopes and wishes for them.

- **On pages 50-51,** we include famous quotes on aspirations, hopes, life lessons, etc. so that grandparents could think of the values and wisdoms that they wish to pass on to their grandchildren. Read each one with your grandchildren and ask them what it means. Give them real life examples for each one to hep deepen their understanding.

o **On page 52,** read the Poem by Ralph Waldo Emerson with your children. Depending on their age, discuss what each line means. Reread this poem together often. As they grow older the people will become much more meaningful to them.

15. YOUR NOTES – FEELINGS - MEMORIES

On these blank note pages, have your grandchildren jot down thoughts, feelings, happenings and anything that you and your grandchildren did together or wish to remember together.

Letter to Our Grandchildren

Our Vietnamese Culture: ROOT ~ NGUỒN CỘI

In the Vietnamese culture, knowing and honoring the place where your family came from is very important as reflected in these cultural proverbs & idioms

**Con người có cố, có ông,
Như cây có cội, như sông có nguồn.**
(People can trace back to the place and lineage where they came from, just like the roots of the trees and the source of a river.)

**Con chim có tổ, con người có tông.
Con chim tìm tổ, con người tìm tông**
(Birds have nests, people have ancestral root.
Birds look for their nests, people look for their root.)

**Khôn ngoan nhớ đức cha ông
Làm nên phải đoái tổ tông phụng thờ
Đạo làm con chớ hững hờ
Phải đem hiếu kính mà thờ tổ tiên**

**Ta về, ta tắm ao ta,
Dù trong dù đục, ao nhà vẫn hơn.**
(We return to bathe in our pond,
Regardless if the water is clear or muddy, it's our home pond.)

OUR ROOTS

4

Photos

Our Vietnamese Culture: GRATITUDE ~ LÒNG BIẾT ƠN

Công cha như núi Thái Sơn
Nghĩa mẹ như nước trong nguồn chảy ra
Một lòng thờ mẹ kính cha
Cho tròn chữ hiếu mới là đạo con

Ngày nào em bé cỏn con
Bây giờ em đã lớn khôn thế này
Cơm cha, áo mẹ, công thầy
Nghĩ sao cho bõ những ngày ước ao

- Ăn quả nhớ kẻ trồng cây.
- Muốn ăn quả chín, nhớ ơn người trồng.
- Uống nước nhớ nguồn.
- Uống nước, nhớ kẻ đào giếng

The Geography of Vietnam

Beautiful Vietnam

North
Bắc

Central
Trung

South
Nam

Vietnam in Our Heart

THE VIETNAM CIVIL WAR

- French Colonial (1845-1945)
- WW II (1939-45)
  - France defeated
  - Japanese occupation
  - Viet-Minh Resistance Force (National Independence Coalition – 1941- Alliances of all resistance organizations)
  - Japanese Surrendered
  - Viet-Minh Declared Independence
  - 1st Indochina War
  - Dien Bien Phu: French defeated - 1954
- Geneva Agreement 1954
  - North Vietnam: Communist
  - South Vietnam: Republic
- U.S. Involvement – Ally of South Vietnamese Republic 1956
  - TET Offensive – Tết Mậu Thân 1968
  - Easter Offensive - Mùa Hè Đỏ Lửa 1972
  - The Paris Accord – 1973
  - The Fall of Saigon – 1975 (April 30th)

The EXODUS – Vietnamese Refugees

I.	First Wave Refugees- April 1975:	125,000 - 150,000·
II.	The Boatpeople – from 1977 to 1980s:	1 – 1.5 millions
III.	Orderly Departure Program (ODP) 1978-200S:	500,000
IV.	The Homecoming Act – Amerasians:	25,000 + 67,000
V.	Humanitarian Operations (HO):	300,000

Refugees being evacuated from the U.S. Embassy – perhaps the most well-known photo during the Fall of Saigon

An overcrowded Vietnamese refugee boat. One person died at sea during this journey

CAMP FORT CHAFFEE, AK

CAMP EGLIN AF BASE, FL

JFTF Film: depicting Re-Edu Prison

REFUGEES vs IMMIGRANTS

REFUGEES	IMMIGRANTS
PUSH FACTORS: *Lý Do Bỏ Xứ Ra Đi*	
• Life/Death • Persecution (Political/Religious) • Sudden, Unpredictable, Uncertainty	• Choice • Time / Preparation (Economical/ Educational/ CareerOpportunities) • Planning
PULL FACTORS: *Yếu Tố Định Cư*	
• National/International Climate • U.S. Policies and programs • Federal/State/Local support • Secondary resettlement	• Family ties/ Known connections • Job/Schooling opportunities • Climate

OUR FAMILY STORIES

16

OUR FAMILY MEMORIES

FAMILIES IN THE VIETNAMESE CULTURE

Family relationships are very important in the Vietnamese culture. The Western culture emphasizes INDEPENDENCE while the EASTERN culture values INTERDEPENDENCE and GRATEFULNESS as reflected in these proverbs.

Công cha như núi Thái Sơn,
Nghĩa mẹ như nước trong nguồn chảy ra.

Trời cao, biển rộng, đất dày,
Ơn cha nghĩa mẹ, ơn thầy chớ quên.

Anh em như thể tay chân,
Rách lành đùm bọc, dở hay đỡ đần.

Một giọt máu đào hơn ao nước lã.

Chị ngã em nâng.

Đố ai đếm được lá rừng,
Đố ai đếm được mấy tầng trời cao.
Đố ai đếm được vì sao,
Đố ai đếm được công lao mẹ già.

Khôn ngoan đối đáp người ngoài,
Gà cùng một mẹ chớ hoài đá nhau.

Lên non mới biết non cao,
Nuôi con mới biết công lao mẹ, thầy.

OUR FAMILIES & RELATIVES

20

Photos

SCHOOL DAYS IN VIETNAM

OUR SCHOOL DAYS
Teachers – Friends – Schools - Learning

24

EDUCATION IN THE VIETNAMESE CULTURE

- Một kho vàng không bằng một nang chữ
- Muốn biết phải hỏi, muốn giỏi phải học

- Người không học như ngọc không mài
- Dốt đến đâu học lâu cũng biết
- Ông bảy mươi học ông bảy mốt
- Một chữ cũng là thầy, nửa chữ cũng là thầy
- Không thầy đố mày làm nên
- Học thầy không tày học bạn

- Muốn sang thì bắc cầu Kiều,
Muốn con hay chữ thì yêu kính thầy

FRIENDSHIPS

PHOTOS WITH FRIENDS

PEOPLE WHO LOVE WHAT THEY DO FIND SUCCESS

EUGENE TRINH, Astronaut
NASA Scientist

JANE LUU, Astronomer,
Kavli Prize Winner

KY LUU, Chief Op Officer
International Medical Corps

STEPHANIE MURPHY,
US Congresswoman

NGUYEN THANH VIET
Professor, Pulitzer Prize Winner

JACQUELINE NGUYEN, US
Federal Judge
9th Circuit Court of Appeal

CUONG VU
Jazz Musician - Professor
2 Grammy Awards

JOSEPHINE NGUYEN,
Flight Surgeon
US NAVY Captain

BETTY NGUYEN
News Anchor
CNN NBC CBS WPIX

TOMMY PHAM MLB
Baseball Outfielder
St Louis Cardinals

TALENTS & INTERESTS

JOBS/CAREERS/PROFESSIONS

PHOTOS

PEOPLE WHO MADE THE WORLD BETTER

Malala: Activist for Girls' Education
Malala Yousafzai, the quiet and serious student who, at 15, was shot by the Taliban for attending school in her home country of Pakistan. She recovered — and went on to become a champion and spokesperson for girls' education, even winning a Nobel Peace Prize. In 2013, she gave a speech to the United Nations and published her first book, **I Am Malala.**

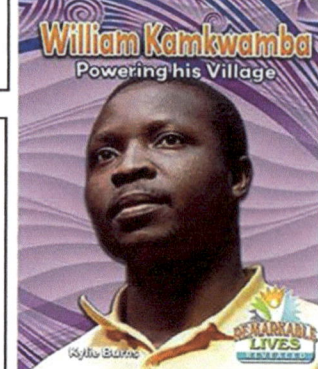

William Kamkwamba: The Boy Who Harnessed the Wind
When a terrible drought struck William's tiny village in Malawi, his family lost all of the season's crops, leaving them with nothing to eat and nothing to sell. William began to explore science books in his village library, looking for a solution. There, he came up with the idea that would change his family's life forever: he could build a windmill. Made out of scrap metal and old bicycle parts, William's windmill brought electricity to his home and helped his family pump the water they needed to farm the land.

Sylvia Mendez: History Maker
When Sylvia z was a young child, she wasn't allowed to go to her neighborhood school eventhough her parents were Americans and she spoke and wrote English. She and other students who have brown skin like her were sent to a school that was farther, had broken desks and chairs and outdated books for students. The Mendez family challenged this rule in *Mendez v. Westminster*, and as a result paved the way for school desegregation everywhere.

Stephen Hawkins: Against All Odds
When Stephen Hawkins was 21, he was diagnosed with an illness that gradually made him unable to walk, move, and later speak. His doctors said that he would die within two years. Despite all this, Stephen continued to pursue his love for science, especially quantum physics, astronomy and cosmology. Using a speech synthesizer known as the Equalizer, he authored books, scientific papers, and gave many lectures. He received numerous awards and medals, became a Fellow of The Royal Society and a member of the US National Academy of Sciences, and received the Presidential Medal of Freedom in 2009. He was married, had three children and lived until the age of 74. Hawking became the most famous scientist of the late 20th and early 21st centuries.

Passions & Interests:

Core Values:

Community Service:

Obstacles Overcome:

TOP 5 QUALITIES OF ROLE MODELS

Passion and Ability to Inspire — Role models show passion for their work and have the capacity to infect others with their passion.

Clear Set of Values — Role models act in ways that support their beliefs and values.

Commitment to Community — Role models are other-focused as opposed to self-focused.

Selflessness and Acceptance of Others — Role models see others' needs and act on them.

Ability to Overcome Obstacles — Role models show that success is possible despite obstacles.

Acceptance of Others:

FAVORITE FOODS

FOODS THAT BRING WARM MEMORIES

36

THE JOY OF TRAVEL

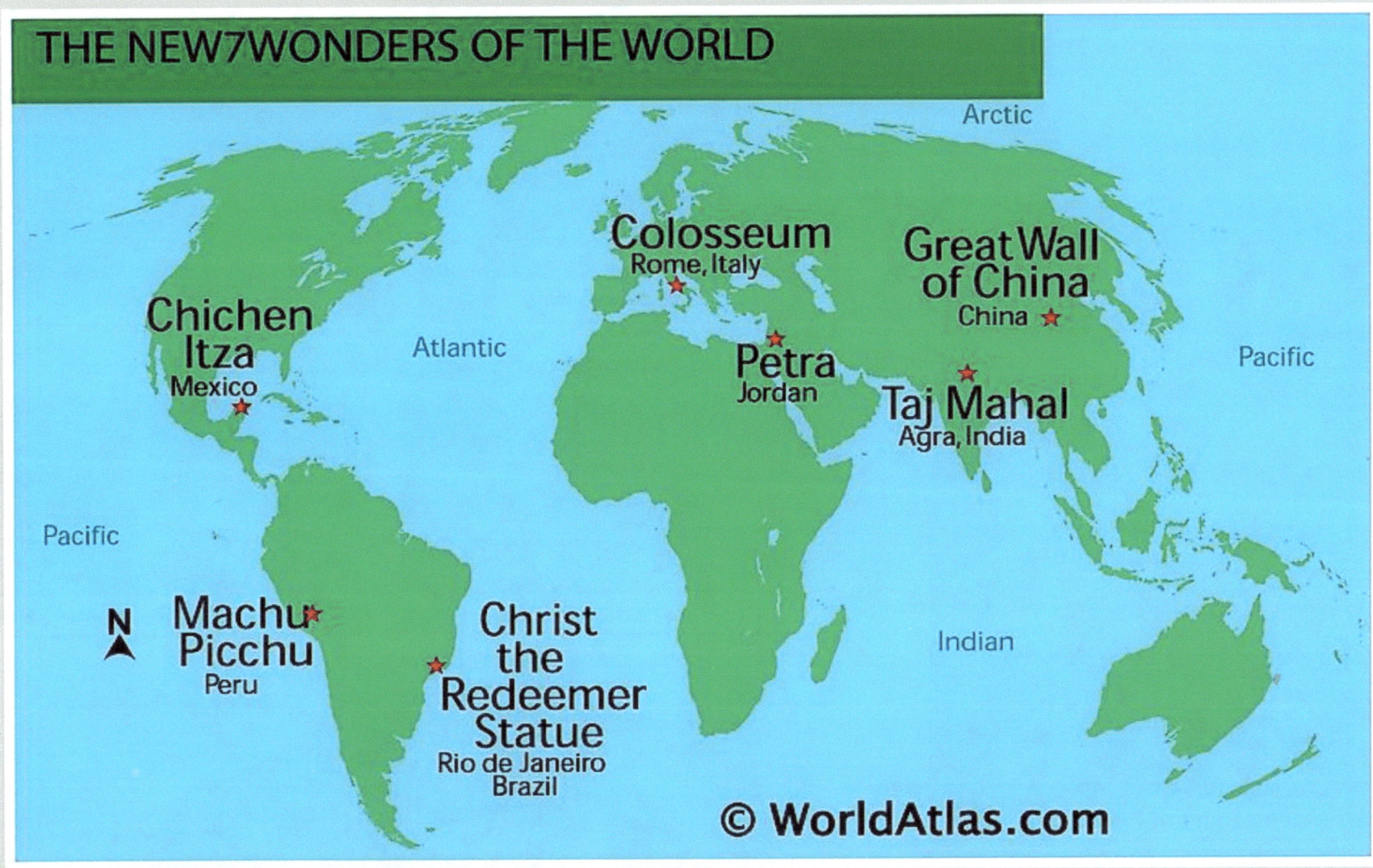

PLACES TO EXPLORE

Taj Mahal, India

Colosseum, Italy

Chichen Itza, Mexico

Machu Picchu, Peru

Great Pyramid of Giza,

Christ the Redeemer, Brazil

Great Wall, China

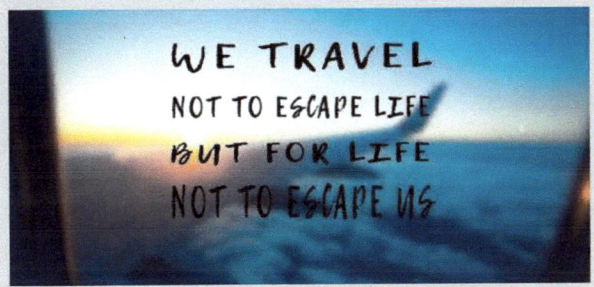

MEMORIES OF OUR TRIPS

Places that I remember the most ….

PLACES THAT WE WISH TO TRAVEL WITH YOU

What a Joy, to travel the way of the heart.

42

HOLIDAYS – CELEBRATIONS - TRADITIONS

NEW YEAR'S GREETINGS ~ CHÚC TẾT

Tết is the time when the old year transitions into the new year. Traditional belief dictates that it's the moment when the heaven and earth are briefly connected. Thus, it is considered a sacred time and space and the wishes that are offered during this time are done with the greatest care. Below are some Tết Greetings to consider.

I wish you, grandpa/grandma a happy New Year with plenty of health.
Con chúc **Ông Bà** một năm mới vui vẻ và dồi dào sức khỏe.

I wish you a happy and prosperous New Year, everything is as you wish.
Chúc bạn năm mới an khang thịnh vượng vạn sự như ý.

A year has passed and the new year has arrived. I wish you, Mom, forever young and beautiful and is the love and life of our family. I love you always Mom!
Năm cũ trôi qua năm mới lại đến. Con chúc Mẹ luôn xinh tươi và mãi là tình yêu và sự sống của gia đình mình. Con yêu Mẹ.

I wish you Dad a great year. May you have good health and happiness always with Mommy and me. I love you very much Dad!
Chúc Ba có một năm mới tuyệt vời. Mong Ba được nhiều sức khỏe và hạnh phúc bên mẹ và con. Con thương Ba nhiều!

I wish everyone a prosperous New Year, filled with happiness and love.
Năm mới con chúc mọi người một năm thịnh vượng, tràn đầy hạnh phúc và yêu thương.

Wishing you a successful year.
Chúc bạn một năm thành công.

OUR FAMILY TRADITIONS

What I hope will be continued ...

OUR FAMILY CELEBRATIONS

The celebrations I cherished the most...

OUR FAMILY FUN

OUR HOPES AND WISHES FOR YOU

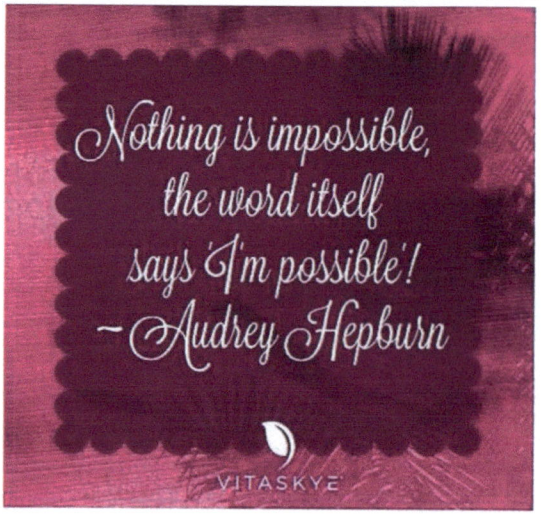
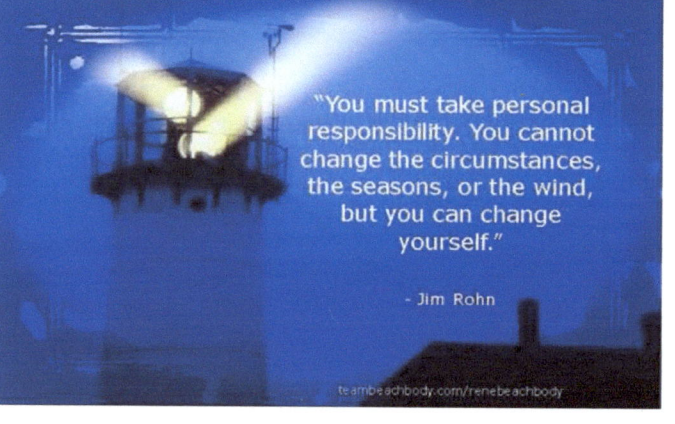

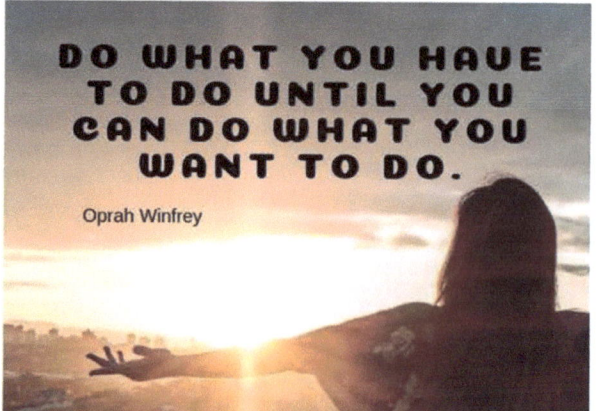

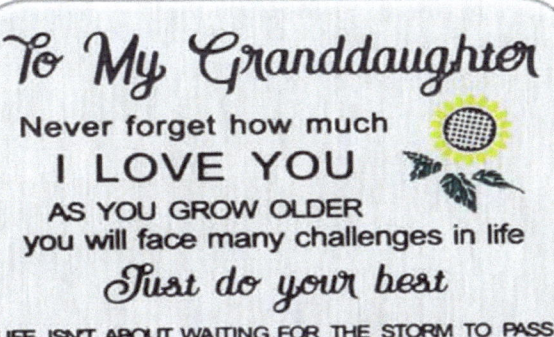

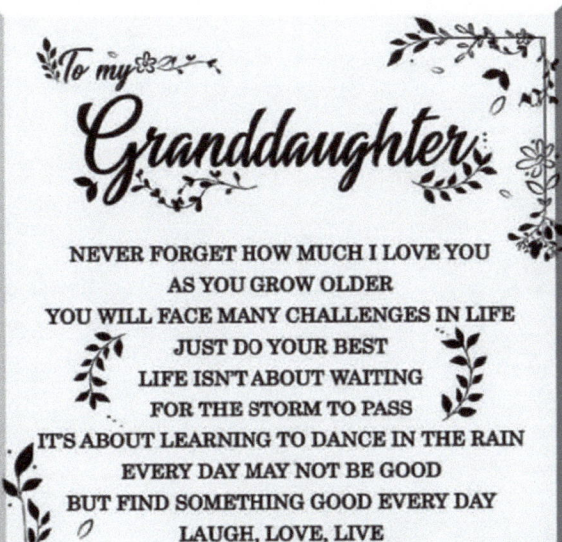

THIS IS MY WISH FOR YOU

Comfort on difficult days,
Smiles when sadness intrudes,
Rainbows to follow the clouds,
Laughter to kiss your lips,
Sunsets to warm your heart,
Hugs when spirit sag,
Beauty for your eyes to see,
Friendships to brighten your being,
Faith so that you can believe,
Confidence for when you doubt,
Courage to know yourself,
Patience to accept the truth,
Love to complete your life.
Ralph Waldo Emerson

NOTE PAGE

NOTE PAGE

NOTE PAGE

NOTE PAGE

NOTE PAGE

NOTE PAGE

GrandparentBP@gmail.com

www.ingramcontent.com/pod-product-compliance
Lightning Source LLC
Chambersburg PA
CBHW041914230426
43673CB00016B/409